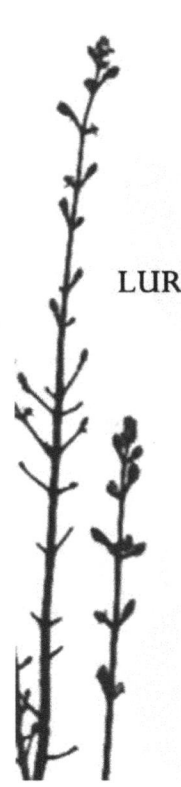

With special
appreciation
to my teacher

LURDES SARAMAGO CHAPPELL

author of

***Os Ramos das Árvores
Cobrem-nos a Todos***

*(The Branches of the Trees
Cover Us All)*

POBRE ÍCARO
POOR ICARUS

BILINGUAL POEMS IN PORTUGUESE AND ENGLISH
SONJA N. BOHM

WorldsAspire

Copyright © 2025 by Sonja N. Bohm. Published by Sonja N. Bohm.

ISBN 979-8-999-57090-1

Pobre Ícaro / Poor Icarus:
Bilingual Poems in Portuguese and English.

First Edition

All rights reserved. No part of this book may be reproduced or utilized in any form or by any means, electronic or mechanical, including photocopying and recording, or by any information storage or retrieval system, without permission in writing from the Publisher.

The poems listed in section "Selections from Pear and Stone" spanning pp. 160-207 are from the Pera e Pedra / Pear and Stone collection copyright © 2023 by Sonja N. Bohm. All else is new material.

Cover photo and design by Sonja N. Bohm. Interior photographs and artwork by Sonja N. Bohm.

Richmond, VA

> . . . All, all must die!
> But you the pathways of the sky
> Found first, and tasted heavenly springs,
> Unfettered as the lark that sings,
> And knew strange raptures,—though we sigh:
> "Poor Icarus!"
>
> —Florence Earle Coates

Within these pages you may find errors—grammatical, typographical, philosophical, theological… Please forgive them all.

LEGADO

Com o passar das estações,
que digam: «Ela amava».
Que seja esta a verdade;
que estas folhas falem dela.

LEGACY

As the seasons pass,
may they say, "She loved."
Let that be the truth;
let these leaves speak of her.

E SE?

E se eu fosse como o vento?—
às vezes amável, às vezes severo;
inquieto e imprevisível.

E se eu fosse como o mar?—
sempre a mudar, misterioso;
vasto e insondável.

Mas sou apenas como eu—
nada mais, nada menos;
um ser, completo e incomparável.

WHAT IF?

What if I were like the wind?—
sometimes kind, sometimes harsh;
restless and unpredictable.

What if I were like the sea?—
ever-changing, mysterious;
vast and unfathomable.

But I'm just like me—
nothing more, nothing less;
a being, complete and incomparable.

INCONDICIONAL

Quando contemplo o mar,
ele devolve-me o olhar,—
reflete o meu estado de espírito.

Quando me viro para o deixar,
ele recusa-se a julgar
e não faz nenhum inquérito.

UNCONDITIONAL

When I gaze upon the sea,
it returns my gaze to me,—
reflecting the state of my soul.

When I turn away to depart,
it refuses to judge my heart,
and asks nothing of me at all.

VOA E CAI

O tempo voa, a noite cai. Voa e cai
do dia para a noite, do verde para o branco,
as estações do seu ser.
Preparada está ela para cada nova madrugada,
haja o que houver.

Ela voa, ela cai. Voa e cai,
aterrando sempre no abraço solidário
de uma memória que se desvanece.
Aqui ela está contente,
e assim permanece.

FLIES AND FALLS

Time flies, night falls. It flies and falls
from day to night, from green to white,
the seasons of her being.
Prepared is she for each new dawn,
come what may.

She flies, she falls. She flies and falls,
ever landing in the sympathetic embrace
of a fading memory.
Here she is content,
and here remains.

A MÚSICA NAS TUAS PALAVRAS

Ouve a música nas tuas palavras.
Está logo abaixo da dúvida.
Envolve a dor—um refrão curativo;—
uma promessa de regresso
sempre que caírem as lágrimas.

Dá tudo de ti! Não retenhas nada!
Por este momento a eternidade espera.
Deixa cair!—deixa chover!—
até que volte de novo para romper—
para penetrar no silêncio da partitura.

THE MUSIC IN YOUR WORDS

Listen for the music in your words.
It lies just beneath the doubt.
It enwraps the pain—a healing refrain;—
a promise to return
whenever the tears fall.

Give it your all! Hold nothing back!
For this moment eternity waits.
Let it fall!—let it rain!—
till it returns yet again to break through—
to penetrate the silence of the page.

HOSPITALIDADE

Põe as mesas
Abre as portas
Prepara o coração

Recebe os convidados
Atende aos pedidos
Oferece a tua mão

Conta a história
Limpa a testa
Canta uma canção

Diz as despedidas
Fecha as portas
Entrega-te à solidão

HOSPITALITY

Set the tables
Open the doors
Prepare your heart

Welcome the guests

Fulfill the requests

Offer your hand

Tell the story

Wipe your brow

Sing a song

Say your goodbyes

Close the doors

Give in to solitude

SETEMBRO

Será sempre setembro?—
o mês da saudade indizível?
Aquele espaço entre a margem e o barco—
o fosso vasto e intransponível—
diz que sim.

Mas os pássaros cantam—
cantam desde que nascem
e descobrem que têm asas.
Através daquele fosso, voam.
Dizem que não—

setembro não vai durar;—
só que está no coração.
Então o que só parece,
aos sonhos dá lugar
e diz: «Talvez!»

SEPTEMBER

Will it always be September?—
the month of unspeakable longing?
That space between bank and boat—
the vast and impassable moat—
says yes.

But the birds sing—
they sing from birth
and discover they have wings.
Across that divide, they fly.
They say no—

September will not last;—
only what is in the heart.
So that which only seems,
gives way to dreams
and says, "Perhaps!"

MUDANÇAS

O vento traz mudanças
apesar da nossa vontade;
sopra beijos às crianças,
e aos crescidos, a saudade.

CHANGES

The wind brings changes
despite our will;
it blows kisses to children,
and to grown-ups, longing.

OS INCÊNDIOS

Nos campos, os fogos ardem.
Quem me dera que estas lágrimas
pudessem apagar as chamas,
mas não as alcançam;
nem voltam para dentro,
onde, no meu peito, ardem também.

Os fogos ardem nos campos,
mas vejo verde entre as cinzas;
há vida sob o solo
que espera a chuva.
E algures lá fora há uma mão
para enxugar os meus olhos.

THE FIRES

In the fields, the fires burn.
 Would that these tears
could extinguish the flames,
but they reach them not;
nor do they return inward,
where, in my chest, they also burn.

The fires burn in the fields,
yet I spy green among the ashes;
there is life beneath the soil
that awaits the rain.
And somewhere out there is a hand
to dry my eyes.

SONHOS DISTANTES

Portugal está a dormir, e fico aqui—
ébria pela sua poesia,
　desejosa
de entrar nos seus sonhos;
de acordar de madrugada
　envolta
nos seus braços descontraídos.

DISTANT DREAMS

Portugal is sleeping, and I remain here—
    drunk on its poetry,
  desirous
to enter into its dreams;
to awaken at dawn
    enwrapped
within its easygoing arms.

RUMORES DE ABRIL

Tão imenso, este nada! —
A brancura da folha, que cega!
Mesmo a palavra na rua
tem falta de substância: —
Manso, o mexerico do povo
que outrora mostrava os dentes.
Estagnadas as correntes
que antes fluíam da caneta: agora
sem direção, mas não sem esperança;
pois voltarão os ventos,
da sua fonte soprados,
para de novo nos inspirar!

RUMORS OF APRIL

So immense, this nothingness!—

The whiteness of the page, how blinding!

Even the word on the street

lacks substance:—

Tame, the gossip of the people

that once bared its teeth.

Stagnant the currents

that once flowed from the pen: now

without direction, but not without hope;

for the winds will return,

blown from their source,

to inspire us anew!

NAZARÉ («ET VIVAM»)

Nas águas dos teus olhos mergulho.
Nado nelas sem hesitação
pois aceitas-me sem julgamento.

A tua misericórdia desafia a descrição.
O fluxo e refluxo das marés
é como um bálsamo para o coração.

Nas falésias da Nazaré estou de pé,
oscilando entre a intensidade e a serenidade;
mas aceito esta dualidade de boa-fé,

sabendo que da sua união nasce a estabilidade.
Por isso, não temo os altos e baixos da vida,
sendo capaz de navegar por qualquer tempestade.

NAZARÉ ("ET VIVAM")

I dive into the waters of your eyes.
   In them I swim without hesitation,
for you accept me without judgment.

Your mercy defies description.
The ebb and flow of the tides
Is as a balm for my heart.

I stand upon the cliffs of Nazaré,
wavering between intensity and serenity;
but I accept this duality in good faith,

knowing that stability is born from their union.
Therefore, I do not fear life's highs and lows,
being able to navigate any storm.

OS BRAÇOS QUE TE SALVAM

«Onde esta sede de infinito saciamos?»—Teixeira de Pascoaes

Ao recusar o único,
aceitas os muitos;
e, por sua vez, negas uma verdade.

Neles procuras conforto,
mas em mares turbulentos,
os braços que te salvam trazem o nome Saudade.

THE ARMS THAT SAVE YOU

"Where do we quench this thirst for the infinite?" —Teixeira de Pascoaes

By refusing the one,

you accept the many,

and in turn, deny a truth.

In them you seek comfort,

but in turbulent seas,

the arms that save you bear the name Saudade.

POEMA PRAGMÁTICO (ESSÊNCIA)

Uma sombra pode escurecer a rosa,
distorcendo a perceção precisa;
mas a essência da flor mantém-se a mesma,
desafiando a descrição subjectiva.

PRAGMATIC POEM (ESSENCE)

A shadow may darken the rose
distorting precise perception;
but the essence of the flower remains the same,
defying subjective description.

MINHA ESTEVA, FLOR DA ROCHA

Nasceste com um espírito sensível,
com uma essência etérea.
Floresces a cada amanhecer—
minha esteva, flor da rocha.

O mundo seria um lugar melhor
se visse através dos teus olhos.
Raio de sol, bela flor—
minha esteva, flor da rocha.

Quando nasceste, oh flor resiliente!—
beijada pelo sol e pela terra—
encheste o meu coração de amor,
minha esteva, flor da rocha.

MY PURPLE ROCK ROSE

You were born with a sensitive spirit,
with an ethereal essence.
You bloom every dawn—
my purple rock rose.

The world would be a better place
if it saw through your eyes.
Ray of sunshine, beautiful flower—
my purple rock rose.

When you were born, oh resilient bloom!—
kissed by the sun and the soil—
you filled my heart with love,
my purple rock rose.

NARCISO

Que mão te pode fazer mal?
Que homem é o teu juiz?
Que vento dirige o teu rumo?—
Que mulher te fará feliz?

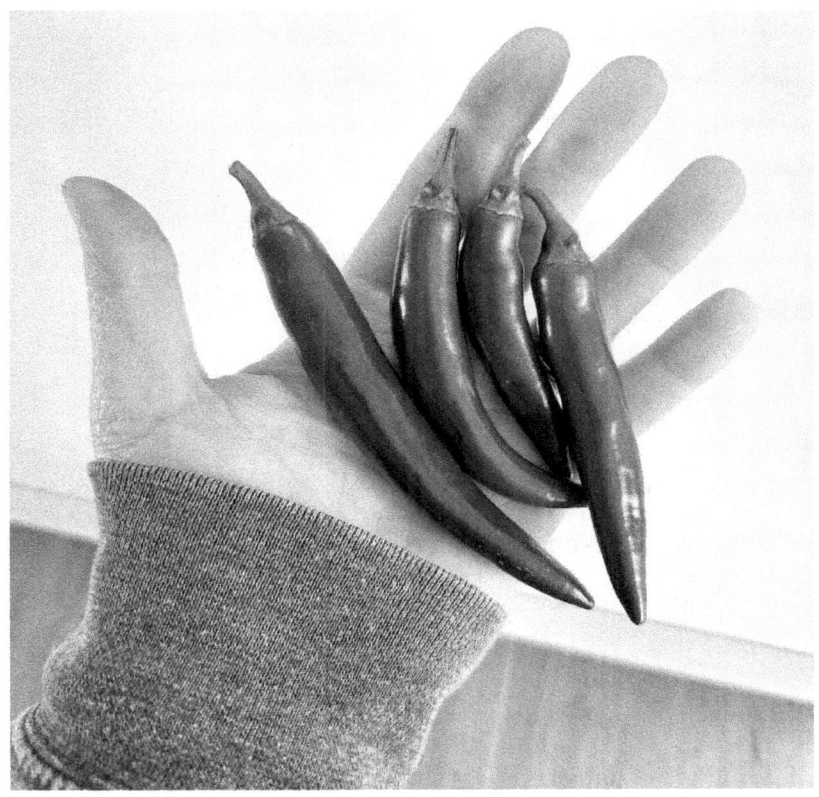

NARCISSUS

What hand can harm you?
What man is your judge?
What wind directs your path?—
What woman will make you happy?

O FOGO QUE QUEIMA

Quem diz: «Quero ver o sol
tal como ele realmente é»?
Muitos atributos, embora evidentes,
são ainda aceites pela fé.

(Se os raios me queimarem,
só eu me posso culpar.)
Não é como tu: misterioso,
com camadas por desvendar—

com olhos que procuram fraquezas,
as minhas defesas prontas para penetrar.
(Se eles me atraem,
quem é que me vai salvar?)

THE FIRE THAT BURNS

Who says, "I want to see the sun
just as it truly is"?
Many attributes, while evident,
are still accepted by faith.

(*If I am burned by its rays,*
I have only myself to blame.)
It's not like you: mysterious,
with layers to unveil—

with eyes that seek out weaknesses,
ready to pierce my defenses.
(*If they draw me in,*
who is it that will save me?)

UMA OUTRA VISÃO

Arde na minha memória: este sonho que segue
   por um caminho diferente do dos meus próprios pés.
Os meus versos revelam o que os olhos não veem,
   mas as coisas do mundo os teus olhos atraem.
Não me viste, nem a mim, nem ao meu coração;
   olhaste para além e viste outra visão.
Despeço-me da manhã e inclino-me para a tarde,
   atravessando o limiar da esplanada, e arde...

ANOTHER VISION

It burns in my memory: this dream that follows
   a path different from that of my own two feet.
  My verses reveal what the eyes do not see,
   but the things of the world draw your eyes.
You saw neither me nor my heart;
   you looked beyond and saw another vision.
I part ways with the morning and lean into the afternoon,
   crossing the threshold of the terrace—and it burns...

LABIRINTO

É um enigma para mim, um labirinto...
e eu estaria perdida
ao tentar acompanhar
todas as voltas e reviravoltas
se não fosse o facto
de a minha bússola
para o Norte Verdadeiro
já estar orientada.

LABYRINTH

It's a puzzle to me, a labyrinth...
and I would be lost
trying to keep up with
all the twists and turns
if not for the fact
that my compass
is already oriented
toward True North.

COM O QUE RESTA

Já me julgaste.
Não há mais nada que eu possa dizer.
O eu que vejo refletido nos teus olhos
já nem consigo reconhecer.
Demasiado profundo para palavras
e impossível de contar,
percorro este caminho há muito tempo,
e as subtilezas são difíceis de lembrar.
Com o que resta da vida por viver,
com o que resta de mim por salvar,
levarei aos céus
ao meu Deus para entregar.

WITH WHAT REMAINS

You have already judged me.
There is nothing more that I can say.
The me that I see reflected in your eyes
I can't even recognize.
Too deep for words
and impossible to tell,
I've walked this road a long time,
and the subtleties are hard to remember.
With what is left of life to live,
with what is left of me to save,
I will carry to the heavens
to give unto my God.

Quatrain by Portuguese poet António Correia de Oliveira (1878-1960).

POEMA PRAGMÁTICO (DÚVIDA)

Pode parecer ilógico,
mas a própria dúvida pode sustentar
o coração que questiona e aguarda...

Um aspeto do ser humano
é a capacidade de aceitar
que há possibilidade na incerteza—

de procurar sentido no absurdo...
O que não sabemos, podemos acreditar
e fazer com que aconteça.

PRAGMATIC POEM (DOUBT)

It may seem illogical,
 but doubt itself can sustain
the heart that questions and waits...

One aspect of being human
is the ability to accept
that there is possibility in uncertainty—

to search for meaning in the absurd...
What we don't know, we can believe
and make it so.

OUTONO FIEL

Duvidosa a colheita,
mas apesar de tudo,
o outono já chegou
pondo em ordem o mundo.

FAITHFUL AUTUMN

Doubtful the harvest,
　　but Autumn has come despite
and sets the world right.

Ó NATUREZA!

Tinha-me esquecido de ti—ó Natureza!
 Não a imitação, mas a Verdadeira!
Onde uma alma cansada pode encontrar descanso
quando até a Arte é politizada.

OH NATURE!

Oh Nature! I had forgotten you!—
　　Not the imitation, but the True!
Where a weary soul can find rest
when even Art is politicized.

O ESTUÁRIO (UMA LITANIA)

«Não há morte... não há morte... / Nenhuma morte...»
—Joseph Courtney, Ten., R.A.M.C., em «Enquanto as Folhas Caem.» (Outono de 1916)

De pé à beira da água,
dourada contra um céu de chumbo,
enraizada firmemente por caniço e junco,
ecoando o canto do rouxinol-bravo—
em comunhão, ele e eu.

Para desafiar o frio que se avizinha,
a aranha tece o seu fio mais fino.
Aqui, nenhum pensamento de velhice
surge do leito do rio.
Deito-me e descanso a minha cabeça.

Estou envolvida pela névoa da manhã,
os murmúrios enchem o meu devaneio:
A mosca-da-flor, o malmequer-da-praia,
falam-me como poesia—
cada verso em harmonia.

THE ESTUARY (A LITANY)

"'There is no death... There is no death... / No death...'"
—Joseph Courtney, Lieut., R.A.M.C., in "As the Leaves Fall" (Autumn, 1916)

Standing by the water's edge,

gold against a leaden sky,

rooted firm by reed and sedge,

echoing the warbler's cry—

in communion, he and I.

To defy the coming cold,

spider weaves his finest thread.

Here, no thought of growing old

rises from the riverbed.

I lie down and rest my head.

Blanketed by morning mist,

murmurs fill my reverie:

Hoverflies, sea aster-kissed,

speak to me like poetry—

every line in harmony.

Nos caules e nos ramos,
o que resta da flor e da folha,
roça na bainha da minha roupa,
oferecendo o seu poder de cura—
as curandeiras entre os juncos.

As aves migratórias rompem fileiras,
assustadas por algum inimigo avistado,
dispersam-se para um campo distante
mais abaixo nas margens do rio.
Solenemente, eu dou graças:

Pelo céu e pelo caniço,
pelos juncos à beira da água;
pela aranha que tece o fio,
pela almofada que apoia a cabeça;
por estes versos de poesia,
pela esperança de harmonia;
pela respiração, pelo dom da vida,
pela minha companhia nesta hora,
pela cura das folhas e das flores;
pelo Deus que venceu a morte.

On the branch and on the stem,

what is left of leaf and flower

graze against my garment's hem,

offering their healing power—

sages of the reedy bower.

Startled by a foe revealed,

migratory birds break ranks,

scatter to a distant field

farther down the river's banks.

Solemnly, I offer thanks:

For the sky and for the sedge,

for the reeds by water's edge;

for the spider weaving thread,

for the pillow 'neath my head;

for these lines of poetry,

for the hope of harmony;

for the healing from the flower,

for my company this hour;

for the gift of life, of breath—

for the God who conquered death.

RENOVAÇÃO

O que é, então, a morte,
senão a condição
imposta aos fracos e aos fortes
que traz a renovação?

Conhecemos a beleza
como o fruto da nossa dor.
É assim na natureza:
Das cinzas nasce a flor!

Essa decadência
gera a vida nova.
Mas como pode a justiça
nascer da nossa culpa?

Só pode ser expiada
por alguém que é inocente.
Vem de Deus—uma dádiva
oferecida gratuitamente.

RENEWAL

What, then, is death

if not the condition

imposed upon both the weak and the strong

that brings forth renewal?

We know beauty

as the fruit of our pain.

So it is in nature:

From ashes comes the flower!

Such decay

gives rise to new life.

But how can righteousness

spring from our guilt?

It can only be atoned for

by one who is blameless.

It comes from God—

a gift freely given.

UMA BOA COLHEITA

Os frutos formam-se rapidamente.
É o amadurecimento
que testa a nossa vontade
enquanto esperamos, preparando-nos
para uma boa colheita
que nunca nos foi prometida.

A GOOD HARVEST

Fruits form quickly.
It is the ripening

that tests our will

while we wait, preparing

for a good harvest

never promised to us.

UMA PALAVRA TERNA

Dá-me uma palavra terna,
pois o meu coração está pesado
e falta-me a alegria.
Da minha mão, a tinta escorre
como suor da caneta.
Até o riso traz a dor,
e a alegria acaba em tristeza.
Dá-me uma palavra terna.
Mostra-me misericórdia.

A GENTLE WORD

Give me a gentle word,
for my heart is heavy
and I am without joy.
In my hand, ink beads
like sweat from the pen.
Even laughter brings grief,
and joy ends in sorrow.
Give me a gentle word.
Show me mercy.

MANTÉM-ME FIRME

Mantém-me firme, pois temo o vento
e onde ele possa soprar.
Mas és Tu, Senhor, quem lhe dita o rumo;—
que tempestade Te pode perturbar?

KEEP ME STEADY

Keep me steady, for I fear the wind
and where it may blow.
But it's you, Lord, who dictates its course;—
what storm can unsettle you?

AINDA ASSIM, EU VIVO

Aos teus olhos, já vivi,
e, no entanto,
ainda estou a viver.

Derramaste a tua graça
sobre a minha fraqueza
antes de eu nascer,

mas continua
tão nova para mim
como cada amanhecer.

STILL, I LIVE

In your eyes, I've already lived,
   and yet,
I'm still living.

You poured out your grace
over my weakness
before I was born,

yet it remains
as fresh to me
as each new dawn.

NENHUM OUTRO

Nenhum corpo de água tem o meu nome;
A nenhuma coroa tenho direito.
Mas que os meus lábios não difamem,
E que os meus detratores façam o mesmo.

Pois ninguém mais partilha a minha vergonha,
Nenhum outro deus assume a minha culpa
Só Aquele cujo amor por mim se tornou
O meu Consolador e Chama Viva.

NONE OTHER

No body of water bears my name;
To no noble crown do I lay claim.
Yet let not my lips malign or defame,
And suffer my critics to do the same.

For no other being shares my shame,
And no other god assumes my blame
But He whose love for me became
My Comforter and Living Flame.

POEMA PRAGMÁTICO (DISCRIÇÃO)

Contar todos os teus sonhos implica um risco;
porque não deixar elementos para o mistério?
A discrição é utilizada pelos sábios;
então, modera o que sai dos teus lábios.

PRAGMATIC POEM II (DISCRETION)

To tell all your dreams bears a risk;
why not leave elements to mystery?
Discretion is employed by the wise;
so, temper what falls from your lips.

UM SONHO ADIADO

Acredita quando te digo:
Este sonho—incansável,
implacável, inabalável;—
este desejo adiado
não será abandonado.

A DREAM DEFERRED

Take me at my word:
    This dream—undeterred,
relentless, unshaken;—
this desire deferred
will not be forsaken.

IMAGINAÇÃO

Não espero pela luz, embora seja noite.
Fecho os olhos, e com a minha mente,
crio centelhas que iluminam as trevas—
eliminam o meu medo—e sonho
como se ela já cá estivesse.

IMAGINATION

I don't await the light, though it is night.
I close my eyes, and with my mind,
create sparks that illuminate the dark—
eliminate my fear—and dream
as if it were already here.

SONHOS DE CRIANÇA

Eram intemporais,
os dias em que voltei a ser criança.
Mas enquanto escrevo estes versos,
parece-me que só do tempo tenho consciência.
No entanto, não me esqueço dos meus sonhos,
porque os sonhos de uma criança são puros,
e enchem-me os dias de esperança.

CHILDHOOD DREAMS

They were timeless,
the days that I became a child again.
But as I write these lines,
I seem only aware of the time.
And yet, I forget not my dreams,
for the dreams of a child are pure,
and fill my days with hope.

SONHAR COM A PAZ

Se sonhar com a paz a pudesse tornar real,
já conheceríamos a felicidade do Céu.
A sede eterna—a atração de um ideal—
é o material dos teus sonhos e dos meus.

E a Beleza? Já a vemos—em todo lado!
Talvez sonhar seja ver as coisas como são;—
uma limpeza de olhos—um tipo de batismo
que revela apenas a pureza do coração.

Fechamos os olhos, mas já estão abertos.
A Paz do Céu é nossa se sonharmos.

TO DREAM OF PEACE

If to dream of peace could make it real,
   we would already know Heaven's bliss.
The thirst for the eternal—the allure of an ideal—
is the stuff of your dreams and mine.

And what of Beauty? We already see it—everywhere!
Perhaps to dream is to see things as they are;—
a cleansing of the eyes—a type of baptism
that reveals only purity in the heart.

We close our eyes, yet they are already open.
The Peace of Heaven is ours if we dream.

APENAS AMAR

Os animais fixam os olhos na garganta
   quando vão para a matança.
Mas que instinto primordial seguimos nós?—
   avançar, mas não matar...
E as mãos, se não forem para rasgar e arranhar,—
   a que código natural obedecemos?
A que instinto? A que lei? Só à de um Rei
   que ordena à nossa vontade...
      apenas amar!

ONLY TO LOVE

Animals fix their sight on the throat
   when they go in for the kill.
But what primordial instinct do we follow?—
   to advance, but not for ill...
And the hands, if not to tear and claw,—
   what natural code do we obey?
What instinct? What law? Only that of a King
   who commands of our will...
      but to love!

O RUMO

Então, a que horas, se não for agora?
E por que esperas? Qual é a demora?
O destino não passa de um falso amigo;
só traz a promessa do sono eterno.
Se queres ser feliz, segue só uma coisa:
o rumo da tua própria escolha.

THE DIRECTION

At what time then, if not now?
And for what do you wait? What's the delay?
Fate is nothing but a false friend;
it brings only the promise of eternal sleep.
If you would be happy, follow only one thing:
the direction of your own choosing.

TESTEMUNHO

Em liberdade, construir monumentos inequívocos,
    para que, em tempos de opressão,
  quando esses símbolos forem derrubados,
todos sejam testemunhas da transgressão.

E a Paz? Sem justiça, a paz está falida;
    até os ditadores cantam a sua canção...
    Que a *Liberdade* esteja na tua língua,
e seja o grito do teu coração!

TESTIMONY

In freedom, build unambiguous monuments,
    so that in times of oppression,
  when these symbols are torn down,
all will bear witness to the transgression.

And what of Peace? Without justice, peace is bankrupt;
    even dictators sing its song...
    Let *Freedom* be on your tongue,
and the cry of your heart!

SINAIS

Não confio em sinais.
Confio que serei conduzida,
que serei alimentada
pelo Doador, através do Seu Dom.
Nem falarei de sinais.
Falarei apenas do Seu Nome;
porque os sinais podem enganar,
e não há ninguém mais confiável
a quem eu possa chamar.

SIGNS

I don't trust in signs.
I trust that I'll be led,
that I will be fed
by the Giver, through His Gift.
Nor will I speak of signs.
I'll speak only of His Name;
for signs can deceive,
and there is no one more trustworthy
upon whom I may call.

SINGULARIDADE

No seio do Nada ecoa a Presença—
Força sem forma, Ser sem licença.
Um sussurro de uma voz bem amada
no fundo da minha alma refletida.

SINGULARITY

Within Nothingness exists an echo of Presence—
Force without form, Being without licence.
A whisper of a voice well-loved
Reflected deep within my soul.

SOBRE O CONHECIMENTO

I.

A consciência—um espelho d'água:

dirigida para fora, para algum objeto

ou, em auto-reflexão, voltada para dentro.

II.

O conhecimento—nasce da relação

entre a consciência e o mundo—

um corpo fluido.

III.

A procura pelo conhecimento

contribui para a sua fluidez

e potencial infinito.

IV.

Mas, como um rio, o conhecimento

está sujeito a limites

impostos por um corpo.

ON KNOWLEDGE

I.

Consciousness—a reflecting pool:
directed outward toward some object
or, in self-reflection, turned inward.

II.

Knowledge—born out of the relationship
between consciousness and the world—
a fluid body.

III.

The search for knowledge
contributes to its fluidity
and infinite potential.

IV.

But like a river, knowledge
is bound by limits
imposed by a body.

Em busca de significado,

navega por estas fronteiras e descobre

algo maior do que ele próprio.

V.

E Deus é como o mar,

em que desagua um rio

e se torna salgado—

uma confluência de águas interligadas,

partilhando o saber

de Deus com os outros.

In search of meaning,

it navigates these boundaries and discovers

something greater than itself.

V.

And God is like the sea,

into which a river flows

and becomes salty—

a confluence of interconnected waters,

sharing in the knowledge

of God with others.

A CENTELHA

A imaginação é o resquício
de um sonho de silêncio,
aceso, onde o livre arbítrio
encontra o destino;
uma centelha—revelada
dentro da realidade
e refinada pela verdade—
que transforma
e dá sentido à existência.

THE SPARK

Imagination is the remnant
of a dream of silence,

kindled where free will

meets destiny;

a spark—revealed

within reality

and refined by truth—

that transforms

and gives meaning to existence.

POEMA PRAGMÁTICO (HORAS SUBLIMES)

Vive cada momento
como se fosse o último,
de tal forma que não te apercebas
do que estás a fazer.
Essas horas sublimes
nunca mais se repetirão;
no entanto, são eternas
e permanecerão sempre contigo
como testemunho
da narrativa da tua vida.

PRAGMATIC POEM (LOFTY HOURS)

Live each moment
as if it were the last,
in such a way that you don't realize
what it is that you are doing.
These lofty hours
will never again repeat themselves;
yet they belong to eternity
and will remain with you always
as a testament
to your life's narrative.

POEMA PRAGMÁTICO (IRREVOGÁVEL)

Nenhuma oferta boa, uma vez dada,
pode ser perdida—
nem ser tirada de quem a dá.

Nenhuma falsidade anula a dádiva.

A realidade de uma vida bem vivida

não pode ser alterada

por nenhuma narrativa criada

com a intenção de mudar a história,

mas reside eternamente na Memória,

um dia a ser revelada.

PRAGMATIC POEM (IRREVOCABLE)

No good offering, once given,

can be lost—

nor be taken from the giver.

No falsehood negates the gift.

The reality of a life well-lived

cannot be altered

by any narrative created

with the intent to change history,

but resides eternally in Memory,

one day to be revealed.

O PRINCÍPIO PELO FIM

Dá-me a tua conclusão
e voltarei à origem
da pergunta.

Dá-me a tua confusão
e seguirei na direção
da clareza.

E à medida que procuro,
o sentido e o objetivo
começarão a emergir.

Ver o princípio pelo fim
dá-me esperança para continuar
e uma razão para existir.

THE BEGINNING IN THE END

Give me your conclusion
and I'll return to the origin
of the question.

Give me your confusion
and I'll move in the direction
of clarity.

And as I search,
meaning and purpose
will begin to emerge.

Seeing the beginning in the end
gives me hope to carry on
and a reason to exist.

UM LUGAR DE ALEGRIA

Escreverei as minhas palavras
a partir de um lugar de alegria
e não de um lugar de dor.
Até a tristeza pode ser doce
quando envolta em amor,
mas amarga quando isolada.

A PLACE OF JOY

I will write my words
from a place of joy
and not from a place of pain.
Even sadness can be sweet
when wrapped in love,
but bitter when isolated.

GRANDEZA

Alcançar um objetivo com ardor
é um feito admirável para um jovem.
Mas saborear nesta vida o amor
é a vitória maior de um homem.

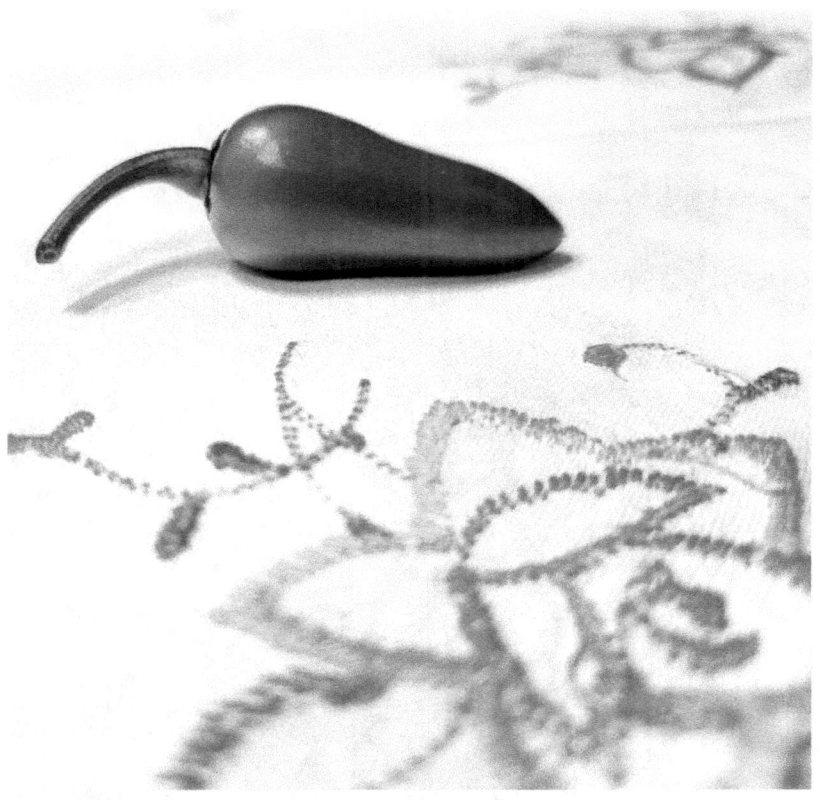

GREATNESS

To achieve a goal with ardor
is an admirable feat for a youth.
But to taste love in this life
is the greatest victory of a man.

TRY YOUR HAND AT LOVE

To try our hand at love is not to waste
one single moment, nor to breathe our last;
we reconcile the present with the past,
believing in a joy in which we've placed

our greatest hope. Yet, in our side, a thorn
reminds us that in weakness and in pride,
it's not in earthly things that we abide,
but in the One in whom we are reborn.

To try our hand at love is more to meet
a shadow of the divine and the pure—
surrendering to all that we endure—
to lay to rest our cares at someone's feet.

To try our hand at love is to know God:
To rise as if to Heaven from the sod.

INTEMPORAL

Dois eram e dois serão,
namorados de verão.
Velhos, velhos como o mar;
jovens, jovens ao luar.

AGELESS

Two they were and two shall be,
sweethearts of summer.
Old, old as the sea;
young, young in the moonlight.

À MESA DO AMOR (O CONVITE)

O Amor põe a mesa,
serve o vinho e o pão.
A Sabedoria, à minha direita,
segura-me a mão.

Vem sentar-te à minha esquerda,
minha musa, minha visão!
Não há lugar para a tristeza
quando seguras o meu coração.

AT LOVE'S TABLE (THE INVITATION)

Love sets the table,
serves the wine and the bread.
Wisdom, on my right,
holds my hand.

Come sit at my left,
my muse, my vision!
There is no room for sorrow
when you hold my heart.

O CONVITE

Levanta o véu,
só por um momento,
para espiar sob que céu
deito a minha cabeça.

Retira o véu
e vê que, apesar da distância,
ainda colhemos o mesmo fruto—
comemos o mesmo pão.

Rasga o véu!—
Revela o meu coração!
Reclina-te comigo à minha mesa;
partilha a mesma cama.

THE INVITATION

Lift the veil,
for a moment only,
to spy under what sky
I lay my head.

Remove the veil
and see that, despite the distance,
we still harvest the same fruit—
partake of the same bread.

Tear the veil!—
Reveal my heart!
Recline with me at my table;
share the same bed.

O MEU DESCANTE

Não ofereço ouro,
    nem promessas vãs,
só os sonhos persistentes
    de meninas e anciãs.

Menos inocente agora,
    menos hesitante,
nua aqui perante ti,
    eu canto o meu descante.

MY DESCANT

I offer neither gold
    nor hollow promises,
only the enduring dreams
    of girls and old women.

Less innocent now,
    less hesitant,
naked here before you,
    I sing my descant.

A MELHOR VIDA

Na minha memória,
há cogumelos
cheios de água da chuva,
paisagens de viagens
percorridas a pé,
versos escritos
na esperança
de que ainda esteja
nas tuas boas graças...

E no coração
dos meus poemas
existe uma crença
preciosa:
a de que preencher
todos os meus dias
com a tua presença
seria viver
a melhor vida.

THE BEST LIFE

In my memory
are mushrooms
filled with rainwater,
landscapes from travels
journeyed on foot,
verses laid down
in hopes
that I am still
in your good graces...

And at the heart
of my poems
lies a belief
so dear:
that to fill
all my days
with your presence
would be to live
the best life.

O DESPERTAR

Não foi planeado, nascer nos teus olhos—
ter o meu monograma
entrelaçado nas fibras da tua tapeçaria;
a urdidura da tua trama,
escondida, nunca será revelada
até ao grande desfiar dos fios...
Não, não foi planeado,
mas um sonho foi despertado—
real ou imaginário—
no momento em que olhei para os teus olhos.

THE AWAKENING

It was not planned, to be born in your eyes—

to have my monogram

woven into the fibers of your tapestry;

the warp to your weft,

hidden, never to be revealed

until the great unravelling of the threads...

No, it was not planned,

but a dream was awakened—

real or imaginary—

the moment I looked into your eyes.

À BERMA DA RUA

Fala-me numa língua
que não seja a tua.
Abraça-me ao luar
à berma da rua,
sem te importares
com o homem à janela.
Promete-me o sol,
não mais uma despedida.

AT THE EDGE OF THE STREET

Speak to me in a language
not your own.
Hold me in the moonlight
at the edge of the street
without a care
for the man at the window.
Promise me the sun,
not another farewell.

TODAS AS MINHAS PALAVRAS

Todas as minhas palavras são tuas.
    Quer estejam no meu coração escondidas,
ao teu ouvido sussurradas,
ou proclamadas nas ruas—
todas as minhas palavras são tuas.
Para mim, são verdadeiras,
e sê-lo-ão para sempre.

ALL MY WORDS

All my words are yours.
Whether hidden in my heart,
whispered in your ear,
or proclaimed in the streets—
all my words are yours.
They are true for me,
and they always will be.

ALÉM DA RAZÃO

Porque é que eu te amo?
    Preciso de uma razão?
Nasces com o sol
   e aqueces o coração!

Tão sagrado, meu sonho—
   questioná-lo, traição.
Que fúteis as respostas
   que procuras em vão!

BEYOND REASON

Why do I love you?
      Need I a reason?
You rise with the sun
   and warm my heart!

So sacred, my dream—
   to question it, treason.
How futile the answers
   you search for in vain!

DO SONHO AO DESTINO

Estás à espera de me ver?
Então vais ver!
E não vais esperar em vão.
Estende a mão;

caminharemos em sonhos
entre campos de estevas.
Procurarei os teus olhos—
escuros como castanhas;

procurarás os meus—
cinzentos como o mar,
refletidos nos teus,
iluminados pelo luar...

Andaremos assim
de uma ponta à outra do sonho,
acordando por fim
para cumprir o nosso destino.

FROM DREAM TO DESTINY

Are you waiting to see me?
Then you will!
And you won't wait in vain.
Extend the hand;

we'll walk in dreams
among fields of rockrose.
I'll search your eyes—
dark like chestnuts,

and you will search mine—
gray as the sea,
reflected in yours,
lit by the moonlight…

We'll walk like this
from end to end of the dream,
waking at the last
to fulfill our destiny.

REFÚGIO

Quando é que te vou ver?
    Quem é que me pode dizer?
Ver-te-ei mais uma vez?
    Cinco vezes? Talvez dez?

Se eu nunca mais voltar,
    não terá sido em vão.
Pois já contemplei o mar;
    foi a minha salvação.

REFUGE

When is it that I will see you?
    Who is it that can tell me?
Will I see you one more time?
   Five times? Maybe ten?

If I never do return,
   it will not have been in vain.
For I've gazed upon the sea;
   it was my salvation.

VAIS OUVIR?

Estás ainda a ouvir-me?
Se quiseres, vais ouvir...
A ideia faz-me sorrir,
e penso nisso um pouco.
Talvez num devaneio,
ou no abrir de uma folha,
reconheças a melodia
e saibas que sou eu.
Talvez vás ouvir—
vais ouvir-me, e sorrir!

WILL YOU LISTEN?

Can you hear me still?
If you want to, you will...
The thought makes me smile,
and I think on it a while.
Maybe in a reverie,
or in the opening of a leaf,
you'll recognize the melody
and know that it's me.
Perhaps you will hear—
you will hear me, and smile!

NO TEU OLHAR

Amar-te ou deixar-te ir—
    como hei-de decidir?
Saberei num só olhar
    se devo ou não ficar:

Se com dor olhares para mim,
    afastar-me-ei de ti;
mas se com prazer olhares,
    fugirão os meus pesares.

IN YOUR GAZE

To love you or to let you go—
    how shall I decide?
I'll know in a single glance
    whether or not to stay:

If in pain you look my way,
    I will turn from you;
but if with pleasure you gaze,
    my burdens will flee.

A ABERTURA

A música mais suave é tocada à frente.
Em tons humildes, deixo o meu apelo;
mas a paixão ressoa no fundo,
expondo um coração ardente.

Rendo-me às suas aberturas,
capturada pelo momento.
Desde o coro introdutório,
com as suas melodias repetitivas,

até ao floreado final,
canto os meus desejos.
Termino numa nota doce e procuro os teus olhos—
mas não me dás um sinal.

THE OVERTURE

The softest music plays at the front.
In humble tones I make my plea;
but passion resounds in the background,
exposing a burning heart.

I give in to its overtures,
captured by the moment.
From the introductory chorus,
with its repetitive melodies,

to the final flourish,
I sing my desires.
I rest on a sweet note and search your eyes—
but you give no sign.

AO MEU LADO

Acariciam a tua pele: as ondas.
«*Amo-te, amo-te, amo-te...*» dizem elas.
Na areia, os meus pés eu enterro—
um observador melancólico.
O mesmo sol que os teus males cura
enche-me de febre a cabeça.
Mas a Misericórdia está ao meu lado;
fecho os olhos e suspiro.

BY MY SIDE

They caress your skin: the waves.
"I love you, I love you, I love you…" they say.
In the sand, I bury my feet—
a wistful observer.
The same sun that heals your ills
fills my head with fever.
But Mercy is by my side;
I close my eyes and sigh.

UMA LENTA DESPEDIDA

"A despedida é dor tão doce"

Despeço-me de vontade dividida;
a melhor parte de mim ainda te ama.
Se demoro a despedir-me, peço-te perdão;
estou à espera que mudes o teu coração.

SLOW TO PART

"Parting is such sweet sorrow"

I say goodbye with a divided will;
the best part of me loves you still.
Forgive me if I'm slow to part;
I'm waiting for your change of heart.

LIBERTASTE-ME

Libertaste-me.
　　Supões que agora te esqueci?—
Jamais! Pois já era livre,
　e lembrar-me-ei sempre de ti!

Tiveste pensamentos sinceros,
　　tomaste a decisão certa;
mas estes braços ficarão abertos,
　　porque esta vida é curta!

Vai e vive a tua vida
　　como se nunca te tivesse conhecido;
e vou viver a minha,
　　como se ainda estivesses perto!

YOU SET ME FREE

You have released me.
  Do you suppose I've now forgotten you?—
Never! For I was already free,
  and I'll remember you always!

You had sincere thoughts,
  you made the right decision;
but these arms will remain open,
  for this life is short!

Go and live your life
  as if I never knew you;
and I will live mine
  as though you are yet near!

«ONDE QUER QUE ESTEJAS»

«Onde quer que estejas,
    onde quer que estejas...»
As palavras soam aos meus ouvidos
como sinos de igreja soando promessas,
soando promessas do fundo de mim.

«Onde quer que estejas,
   onde quer que estejas...»
Posso acreditar nestas palavras
mesmo agora que te foste embora —
encontrando ainda conforto em ti?

"WHEREVER YOU ARE"

"Wherever you are,
   wherever you are…"
The words ring in my ears
like church bells sounding forth promises,
sounding forth promises within the heart of me.

"Wherever you are,
   wherever you are…"
Can I believe in these words
even now that you're gone—
still finding comfort in you?

FRONTEIRAS

Está esbatida—a distinção
entre o que é teu e o que é meu,
pois imaginei tudo o que sei de ti.
Mas deste Desconhecimento,
dentro de algum reino divino,
sobre o amor aprendi.

Não prefiro a solidão,
mas o meu coração está cheio
apesar de não podermos estar juntos.
Mas ainda estenderia a mão
ao teu primeiro pedido
se os teus braços estivessem vazios.

BOUNDARIES

It is blurred—the distinction
   between what is yours and what is mine,
for I have imagined all that I know of you.
But from this Unknowing,
from out of some divine realm,
I have learned of love.

I don't prefer solitude,
but my heart is full
even though we cannot be together.
Yet I would reach out still
at your first request
if ever your arms became empty.

AINDA FELIZ

Acordei de madrugada
e comecei a cantar
canções escritas para ti.

Ouvia os pássaros lá fora;
parecia que estavam a cantar
como se fosse só para mim.

E no meio do nosso coro,
comecei a sorrir,
pois estava feliz, mesmo sabendo
que não nos podias ouvir.

STILL HAPPY

I awoke at dawn
and started singing
songs written for you.

I heard the birds outside;
it seemed as if
they were singing just for me.

And amidst our chorus,
I began to smile,
for I was happy, even though I knew
you could not hear us.

CANTAREI O AMOR

Amar-te-ei até morrer;
até morrer cantarei o Amor:
Amor, que só vê a Beleza;
Beleza que não vê a morte.

I'LL SING OF LOVE

I will love you till I die;
   until I die, I'll sing of love:
Love, which sees only Beauty;
Beauty which beholds not death.

LEMBRA-TE DAS FLORES

Podia rogar aos deuses,
podia pedir um sinal;
podia chamar-te meu amor,
mas nunca serias meu.

Podia procurar uma chave
que abrisse todas as portas;
podia dar-te o meu coração,
mas nunca seria teu.

Então, escrever-te-ei uma canção
para recordar as flores;
e cantarei um amor
que nunca poderia ser o nosso.

REMEMBER THE FLOWERS

I could sue to the gods,
 I could ask for a sign;
I could call you my love,
but you'd never be mine.

I could search for a key
that unlocks all the doors;
I could offer my heart,
but I'd never be yours.

So I'll write you a song
to remember the flowers;
and I'll sing of a love
that could never be ours.

"Cada sonho morre às mãos doutro sonho."

—Eugénio de Andrade

"Every dream dies at the hands of another dream."

—Eugénio de Andrade

SELEÇÕES DE

PERA E PEDRA

SELECTIONS FROM

PEAR AND STONE

UMA ALMA COMO A TUA

Olhas para as flores
    e desfrutas da sua beleza.
Olho para o teu rosto—
   mais belo que elas—
e sei que a minha vida
   é melhor por conhecer
uma alma como a tua
   que na beleza tem prazer.

A SOUL SUCH AS YOURS

You look upon the flowers
    and take in their beauty.
I look upon your face—
    more beautiful than they—
and know that my life
    is better for knowing
a soul such as yours
    who in beauty takes pleasure.

DESCENDÊNCIA

Nas raízes, a tua força;
nas flores, o teu rosto.
Nas veias, o teu sangue—
descendência no fruto.

OFFSPRING

In the roots, your strength;
in the flowers, your face.
In the veins, your blood—
offspring in the fruit.

BELO PARADOXO

Dizemos adeus
mas nunca partimos;
as coisas mudam,
mas ficam na mesma.
Minha febre, minha cura,—
belo paradoxo...
Juntos como um só—
cresce comigo.

BEAUTIFUL PARADOX

We say goodbye
but never leave;

things change

yet stay the same.

My fever, my cure,—

beautiful paradox...

Together as one—

grow with me.

DISTINÇÕES

Não estou a viver no passado
se escrever no presente, pois não?
Porque pôr os pés a caminho
é como uma caneta na mão.

A distinção entre o imaginário
e o real é criada por mim,
quer seja uma linha solitária
ou versos cheios de ti.

DISTINCTIONS

I'm not living in the past
 if I write in the present, am I?
For putting feet to the path
is like a pen in the hand.

The distinction between the imaginary
and the real is created by me,
whether it be a solitary line
or verses filled with you.

ATÉ À HORA

Não me digas agora—
mas quando chegar a hora—
o que faremos quando o Tempo for nosso
e todas as coisas forem possíveis...
Diz-me com os teus olhos!
Quero acreditar em coisas tão incríveis!
Mas espera até que se cumpra a hora—
Não me digas agora!

UNTIL THE HOUR

Don't tell me now—
but when the hour arrives—
what we will do when Time is ours
and all things are possible...
Tell me with your eyes!
I want to believe in such incredible things!
But wait until the hour occurs—
Don't tell me now!

O BEIJO

Perto da porta, vou deixar a minha chave,
    escondida numa árvore num vaso.
Quando chegares, deixa-te entrar;
vou saudar-te com um beijo ansioso.

THE KISS

Near the door I'll leave my key,
hidden in a potted tree.
When you arrive, let yourself inside;
I'll greet you with an eager kiss.

O CALOR DO VERÃO

No calor do verão,
quando o suor está na testa,
um olhar carinhoso
traz a sombra da floresta.

THE HEAT OF SUMMER

In the heat of summer,
  when sweat is on the brow,
a fond look
brings the shade of the forest.

TÃO HUMANA

Penso nas pedras—olhos no chão.
Obedeço não aos meus humildes limites
que aprendi desde o nascimento,
mas aos de uma alma rebelde
cujo caminho é obscurecido pelo desejo;
cujas lágrimas caem quentes na calçada—
queimam mais quente que a cal...

Penso nas águas com saudade,
de fontes profundas onde a verdade
se revela num olhar temerário
num jardim clandestino vestido de branco
onde o tempo pára e nada se perde.
Mergulho com abandono imprudente.
Tão culpada, tão inocente.

SO HUMAN

I think upon the stones—eyes to the ground.
 I obey not my own humble boundaries
learned from birth,
but those of some wayward soul
whose path is obscured by desire;
whose tears fall hot on the pavement—
burn hotter than the whitewash...

I think upon the waters with longing,
of deep sources where truth
is revealed in a daredevil gaze
in a clandestine garden dressed in white
where time stops and nothing is lost.
I dive in with reckless abandon.
So guilty, so innocent.

PROIBIDO, PERDOADA

Se não proibido,
o fruto ainda pareceria
tão bonito na árvore?

Se não perdoada,
a língua poderia recusar
a doçura da carne?

FORBIDDEN, FORGIVEN

If not forbidden,
would the fruit still seem
so beautiful on the tree?

If not forgiven,
could the tongue forgo
the sweetness of the flesh?

A DISTÂNCIA

Escolho não viver uma vida no mar;
mas mesmo que os meus pés estejam em terra,
olho para as águas como um marinheiro
que procura no horizonte a sua pátria.
Veem-na nos meus olhos:—a Distância;—
estou ausente nos meus sonhos, à deriva...

THE DISTANCE

I choose to not live a life at sea;
  but even though my feet are on land,
I look toward the waters like a sailor
who searches the horizon for his homeland.
They see it in my eyes:—the Distance;—
I am absent in my dreams, adrift...

A LOUCURA DO AMOR

Incha dentro do meu peito:—
    o conhecimento da Beleza.
Mas nestas asas de loucura,
    de nada tenho a certeza!
Além de água e areia,
    quem sou eu? e mais,—de onde?
Se do espírito que nasci,
    posso amar-te bem de longe;
mas neste corpo temporal,
    Paciência e Paixão
vivem juntas (mas não como um só)—
    dentro do mesmo coração.
E, com o mesmo objetivo:—
    estar perto do Amado,—
apenas uma conseguirá
    a maior vitória.

THE MADNESS OF LOVE

It swells within my breast:—
    knowledge of Beauty.
But on these wings of madness,
    of nothing am I certain!
Apart from water and sand,
    who am I? and more,—from where?
If of spirit I was born,
    I can love you well from afar;
but in this temporal body,
    Patience and Passion
live together (but not as one)—
    within the same heart.
And, with the same goal:—
    to be near the Beloved,—
only one will achieve
    the greater victory.

COMO A CORÇA

«Quem semeia ventos colhe tempestades.»

Bebo-a profundamente,
esta chávena quente de amargura,
opressiva na sua espessura,
ofensiva para a língua.
Ó, o meu espírito ergue-se como ácido;—
tira-a dos meus lábios!
Se estiver em teu poder,
deixa-me permanecer na tua graça—
para ofegar, como a corça,
pela água viva.

AS THE DEER

"He who sows the wind reaps the whirlwind."

I drink it deeply,
   this hot cup of bitterness,
oppressive in its thickness,
offensive to the tongue.
Oh, my spirit rises up like acid;—
take it from my lips!
If it be within your power,
let me abide in your grace—
to pant, like the deer,
for living water.

COMUNHÃO

Cheios de alegria,
apesar das suas dores,
como borboletas às flores,
aproximaram-se da fonte
e partilharam os elementos
da lembrança.

Examinando o coração,
partiram o pão e comeram;
pegaram no copo e beberam,
meditando sobre o sacrifício
e recebendo a bênção
da comunhão.

COMMUNION

Full of joy,
despite their pains,
like butterflies to flowers,
they approached the fount
and shared the elements
of remembrance.

Weighing the heart,
they broke bread and ate;
they took the cup and drank,
meditating on the sacrifice
and receiving the blessing
of communion.

QUE SEJA ASSIM

Se nos viermos a amar,
que seja em liberdade,
mesmo com a liberdade de partir.

E, se escolhermos partir,
que seja para voltarmos,
que voltemos, unidos como antes.

Mas, se o amor vier a morrer,
que seja ao mesmo tempo;—
que seja ao mesmo tempo, meu amor.

LET IT BE LIKE THIS

If we should come to love each other,

   let it be in freedom,

even with the freedom to leave.

And should we choose to leave,

let it be that we return,

that we return once more to one another.

But if love should die,

let it be at the same time;—

let it be at the same time, my love.

O GOLO DA VITÓRIA

Se o teu ganho é a minha perda,
então que doce perda é!
O teu céu ilumina-se;—
o meu escurece.
Mas nunca antes existiu
uma escuridão tão doce,
nem as estrelas brilharam tão
intensamente!

THE GOAL OF VICTORY

If your gain is my loss,
    then what a sweet loss it is!
Your sky brightens;—
    mine darkens.
But never before was there
such sweet darkness,
nor have the stars ever shone so
    intensely!

VENTOS DE MUDANÇA

Estes ventos em constante mudança
deixam-me inquieta.
No ar há esta incerteza—
dúvida deslocada.

Mas sabes que, para mim, és muito mais
do que os pensamentos
que passam ao sabor do vento
tentando os sentidos?

Amar-te é o princípio,
o meio e o fim.
É a viagem—e o caminho
de volta para ti.

WINDS OF CHANGE

These ever-changing winds
leave me restless.
In the air is this uncertainty—
misplaced doubt.

But do you know that you are much more to me
than the thoughts
that pass by in the wind
tempting the senses?

Loving you is the beginning,
the middle, and the end.
It is the journey—and the way
back to you.

TU ÉS

És a «calma» em «vá com calma»—
a ponte duma canção;
as flores na primavera—
águas frescas no verão.

E quando me encontro
à deriva nas marés,
lembro-me destes confortos:—
recordações de quem tu és.

YOU ARE

You're the "easy" in "take it easy"—
the bridge of a song;
flowers in springtime—
cool waters in summer.

And when I find myself
adrift in the tides,
I remember these comforts:—
Reminders of who you are.

ALVORADA BREVE

Talvez possa voltar
   quando eu estiver mais leve—
quando o peso da sombra se dissipar.
E no brilho daquela alvorada breve,
irás receber-me?

BRIEF DAWN

Maybe I can return
when I am lighter—
when the weight of the shadow dissipates.
And in the glow of that brief dawn,
will you welcome me?

UMA QUESTÃO DE CIÊNCIA

Não preciso da adulação dos estranhos—
    afirmação dos algoritmos
que prometem facilitar resultados
    que não procurei,—
que realizam desejos com os
    quais nunca sonhei...
Só procuro a tua presença
(não é uma questão de ciência);—
só desejo o teu regresso;—
mas nem sequer *disso* preciso!

A MATTER OF SCIENCE

I don't need adulation from strangers—
affirmation from algorithms
that promise to facilitate outcomes
    I've not even sought,—
that fulfill desires
    I never even dreamed of...
I only seek your presence
(it's not a matter of science);—
I only desire your return;—
but not even *this* do I need!

FRAGMENTO

Pela luz da lua gigante, andei sozinha.
Era dezembro, pouco antes da Lua Fria.

******

Paralisada por um medo
    que ultrapassa o meu desejo,
ansiava pela libertação...
Qual é o valor da lealdade
    sem amor no coração?

Negar a mim mesma
    as coisas que mais desejo
é suspender a respiração
    e parar o meu coração;—
vou extinguir-me como as chamas sem oxigénio.

Mas quem sou eu?
Que direito tenho eu a estas águas,

FRAGMENT

By the light of the gibbous moon, I walked alone.
It was December, just before the Cold Moon.

******

Paralyzed by a fear
    that surpasses my desire,
I longed for release...
Of what value is loyalty
    without love in the heart?

To deny myself
    the things I most desire
is to suspend the breath
    and stop the heart;—
I will extinguish like flames without oxygen.

But who am I?
What right have I to these waters,

estas pedras, o luar?
De quem é o sonho
  que estou a sonhar?

E onde estou agora?
Onde está a bússola que costumava
  caber tão bem na mão?—
o tempo gasto em nada
  além da tua atenção?

As sombras falam—

«Vamos brincar como as crianças.
Cantaremos como pássaros canoros
e dançaremos nas nossas sepulturas.»

e eu sigo...

Mas posso dar um passo
  sem revelar o meu coração?
A minha vida inteira me trai!

    these stones, the moonlight?

Whose dream is it

    that I'm dreaming?

And where am I now?

Where is the compass that used to

    fit so well in the hand?—

the time spent on nothing

    but your attention?

The shadows speak—

"Come, let us play like children.

We will sing like songbirds

and dance on our graves."

and I follow...

But can I take one step

    without revealing my heart?

My whole life betrays me!

Até o meu silêncio é teu.

Mas seria uma mentira viver de outra forma.

Então, vou continuar a andar
   (o que mais posso fazer?)
se continuares a perdoar.
E atrever-me-ei a ver
   onde esta estranha vida me levará!

Even my silence is yours.

But it would be a lie to live any other way.

So I'll go on walking

   (what else can I do?)

if you'll continue forgiving.

And I'll dare to see

   where this strange life leads!

TU, AMOR

Tu, que ensinaste a minha alma a cantar,
preencheste os meus dias e fizeste-os rimar.
Tu, que para mim, foste Nada e Tudo,
encontraste a minha voz, respondeste ao meu desejo.
Trouxeste aos meus olhos as coisas que murcham,
coisas que apenas por um dia duram;
não para mostrar o lado feio da vida,
mas que na morte pode haver beleza.
E belo, também, aquele mar imenso
onde encontrei a paz, onde eu pertenço...
Revelaste-mo, o meu espírito guiaste;
mas partiste tão depressa como chegaste
quando ousei dizer o teu nome, «Amor»...
No entanto, recuso-me a sofrer a dor,
pois esta é a lição que a rosa ensina:
A beleza vai e vem depressa;
mas um doce perfume permanece no seu rasto,
preenchendo o espaço vazio no meu peito.

YOU, LOVE (ORIGINAL VERSION)

You, who taught my soul to sing,—
   you,—who I made Everything
   and Nothing at the same time,
filled my days and made them rhyme.
You, who answered my desire,
found my voice; you set on fire
things that wither and decay—
things that last but for a day;—
not to show their ugly side,
but that in such things abide
eternity; and lovely!—
lovely, too, that vasty sea
where I found Peace,—or it found me.
For it was you who led me there,—
led my spirit—unaware
that you would leave quick as you came
when once I dared to speak your name, "Love"...
Such the lesson of the rose:—
Beauty comes and Beauty goes,
yet in its wake a sweet perfume
fills the space in my heart-room.

Se não és tu
que me esperas à porta,
que seja a Misericórdia!

If it be not you
   who waits for me at the door,
let it be Mercy!

THE AUTHOR.

ÍNDICE

INDEX

6	Legado
8	E Se?
10	Incondicional
12	Voa e Cai
14	A Música nas Tuas Palavras
16	Hospitalidade
18	Setembro
20	Mudanças
22	Os Incêndios
24	Sonhos Distantes
26	Rumores de Abril
28	Nazaré («Et Vivam»)
30	Os Braços Que Te Salvam
32	Poema Pragmático (Essência)
34	Minha Esteva, Flor da Rocha
38	Narciso
40	O Fogo Que Queima
42	Uma Outra Visão
42	Labirinto
46	Com O Que Resta
50	Poema Pragmático (Dúvida)
52	Outono Fiel
54	Ó Natureza!

7	Legacy
9	What If?
11	Unconditional
13	Flies and Falls
15	The Music in Your Words
17	Hospitality
19	September
21	Changes
23	The Fires
25	Distant Dreams
27	Rumors of April
29	Nazaré ("Et Vivam")
31	The Arms that Save You
33	Pragmatic Poem (Essence)
35	My Purple Rock Rose
39	Narcissus
41	The Fire that Burns
43	Another Vision
45	Labyrinth
47	With What Remains
51	Pragmatic Poem (Doubt)
53	Faithful Autumn
55	Oh Nature!

54	O Estuário (Uma Litania)
60	Renovação
62	Uma Boa Colheita
64	Uma Palavra Terna
66	Mantém-me Firme
68	Ainda Assim, Eu Vivo
70	Nenhum Outro
72	Poema Pragmático (Discrição)
74	Um Sonho Adiado
76	Imaginação
78	Sonhos de Criança
80	Sonhar com a Paz
82	Apenas Amar
84	O Rumo
86	Testemunho
88	Sinais
90	Singularidade
92	Sobre o Conhecimento
96	A Centelha
98	Poema Pragmático (Horas Sublimes)
100	Poema Pragmático (Irrevogável)
102	O Princípio pelo Fim
106	Um Lugar de Alegria

57	The Estuary (A Litany)
61	Renewal
63	A Good Harvest
65	A Gentle Word
67	Keep Me Steady
69	Still, I Live
71	None Other
73	Pragmatic Poem (Discretion)
75	A Dream Deferred
77	Imagination
79	Childhood Dreams
81	To Dream of Peace
83	Only to Love
85	The Direction
87	Testimony
89	Signs
91	Singularity
93	On Knowledge
97	The Spark
99	Pragmatic Poem (Lofty Hours)
101	Pragmatic Poem (Irrevocable)
103	The Beginning in the End
107	A Place of Joy

108	Grandeza
110	[imagem]
112	Intemporal
114	À Mesa do Amor (O Convite)
116	O Convite
118	O Meu Descante
120	A Melhor Vida
122	O Despertar
124	À Berma da Rua
126	Todas as Minhas Palavras
128	Além da Razão
130	Do Sonho ao Destino
132	Refúgio
134	Vais Ouvir?
136	No Teu Olhar
138	A Abertura
140	Ao Meu Lado
142	Uma Lenta Despedida
144	Libertaste-me
146	«Onde Quer Que Estejas»
148	Fronteiras
150	Ainda Feliz
152	Cantarei o Amor

109	Greatness
111	Try Your Hand at Love
113	Ageless
115	At Love's Table (The Invitation)
117	The Invitation
119	My Descant
121	The Best Life
123	The Awakening
125	At the Edge of the Street
127	All My Words
129	Beyond Reason
131	From Dream to Destiny
133	Refuge
135	Will You Listen?
137	In Your Gaze
139	The Overture
141	By My Side
143	Slow to Part
145	You Set Me Free
147	"Wherever You Are"
149	Boundaries
151	Still Happy
153	I'll Sing of Love

154   Lembra-te das Flores

SELEÇÕES DE *PERA E PEDRA*

160   Uma Alma Como a Tua

162   Descendência

164   Belo Paradoxo

166   Distinções

168   Até à Hora

170   O Beijo

172   O Calor do Verão

174   Tão Humana

176   Proibido, Perdoada

178   A Distância

180   A Loucura do Amor

182   Como a Corça

184   Comunhão

186   Que Seja Assim

188   O Golo da Vitória

190   Ventos de Mudança

192   Tu És

194   Alvorada Breve

196   Uma Questão de Ciência

155   Remember the Flowers

SELECTIONS FROM *PEAR AND STONE*

161   A Soul Such as Yours

163   Offspring

165   Beautiful Paradox

167   Distinctions

169   Until the Hour

171   The Kiss

173   The Heat of Summer

175   So Human

177   Forbidden, Forgiven

179   The Distance

181   The Madness of Love

183   As the Deer

185   Communion

187   Let It Be Like This

189   The Goal of Victory

191   Winds of Change

193   You Are

195   Brief Dawn

197   A Matter of Science

198   Fragmento
204   Tu, Amor
206   *Se não és tu*

199 Fragment

205 You, Love (Original Version)

207 *If it be not you*

www.ingramcontent.com/pod-product-compliance
Lightning Source LLC
Chambersburg PA
CBHW060511090426
42735CB00011B/2181